늑대와 양에 관한 진실

늑대와 양에 관한 진실

Outlearning the Wolves

데이비드 허친스 글·바비 곰버트 그림 | 박영욱 해설

바다어린이

Original publication information **Outlearning the Wolves** :
Surviving and Thriving in a Learning Organization
by David Hutchens; illustrated by Bobby Gombert
Copyright ⓒ 1998 by David Hutchens
Illustrations ⓒ Pegasus Communications, Inc.
Korean translation copyright ⓒ 2007 by BADA Publishing Co.
This Korean edition is published by arrangement with Pegasus Communications, Inc.
All rights reserved. No part of this book may be reproduced or transmitted in any form or by any means,
electronic or mechanical, including photocopying and recording, or by any information storage or
retrieval system, without written permission from the publisher.

이 책의 한국어판 저작권은 Pegasus Communications, Inc.와의 독점 계약으로 바다출판사에 있습니다.
저작권법에 의해 한국 내에서 보호를 받는 저작물이므로 무단 전재와 무단 복제를 금합니다.

차례

1. 늑대와 양에 관한 진실 7
2. 오토의 꿈 21
3. 양들, 머리를 모으다 39
4. 연못가의 환호 63

〈늑대와 양에 관한 진실〉 철학적으로 읽기 79

1

늑대와 양에 관한 진실

늑대예요.

양이에요.

늑대는 양을 잡아먹어요.

뭐 잘못된 거라도 있나요?

늑대는 언제나 양을 잡아먹어 왔어요.
그리고 앞으로도 계속 양을 잡아먹을 거예요.
만약 여러분이 양이라면,
이것은 피할 수 없는 삶의 진실이에요.

양 떼 한 무리가 아름다운 푸른 초원에서 함께 살고 있었어요.

그러나 그들의 삶은 평화롭지 못했어요.
늑대들이 초원 위로 공포의 그림자를 드리우며
끊임없이 위협하고 있었기 때문이에요.

이따금 양들은 아침에 잠에서 깨어나, 그들 중 한 마리가
사라진 것을 발견하곤 했어요.
바로 늑대에게 잡아먹힌 것이지요.

양들이 살고 있는 들판에는 날카로운 가시가 돋친 철조망이
빙 둘러쳐져 있었어요.
하지만 어찌된 일인지 늑대들은 계속 왔어요.

그렇게 언제 늑대에게 잡아먹힐지 모르는 상태로 사는 건
무척 괴로운 일이었어요.

그런데도 해를 거듭할수록 양들의 수는 점점 더 늘어만 갔어요.
다만, 가끔씩 양들이 늑대에게 잡혀가는 것은 어쩔 수 없는
일이었지요.

양들은 지금까지 그렇게 살아왔습니다.

2

오토의 꿈

이 양은 오토입니다.

오토는 이 장의 끝 무렵, 갑작스레 죽음을 맞게 되지요.
그러니 그에게 너무 정을 주지는 마세요.

오토는 양들이 늑대의 공격에 대해 체념하고 있는 현실이 슬펐어요.

"나에게는 꿈이 있어."
오토는 언덕 위에 앉아 다른 양들이 다 들을 수 있도록 말했어요.
"언젠가 양들이 늑대의 아침 식사거리로 더 이상 죽지 않아도 되는 그런 날이 오리라는……."

"그건 말도 안 돼."
쉐프라는 양이 말했어요.
"넌 늑대를 막을 수 없어. 우리 조상들이 한 말을 생각해 봐.
'매일 태양이 뜨듯, 늑대는 어김없이 온다.' 라고 했잖아?"

"그래, 맞아. 난 오히려 우리가 칭찬받을 만하다고 생각해."
또 다른 양이 말했어요.
"우리는 늑대의 위협 속에서도 계속해서 수가 늘어 왔잖아?
자, 얼마나 많은 양들이 있나 보라고!"

이런 말들은 오토를 더욱 슬프게 했어요.

"늑대가 있는 한, 우리 양들의 수가 아무리 많다고 해도
그건 반쪽짜리 진실에 지나지 않아."
오토가 말했어요.
"우리의 약점을 정면으로 바라보기가 두려운 나머지
수가 많다고 안도하는 것뿐이야."

오토는 계속해서 말했어요.

"우리는 항상 늑대를 막을 수 없다고 말하지만,
정말 그런지 어떻게 확신하지?"

컬리라는 양이 대답했어요.

"그건 확실해. 왜냐하면 울타리가 있어도 어쨌든 늑대를 막지 못하니까. 처음에는 울타리가 늑대를 막아 줬지만, 늑대들은 곧 울타리 뛰어넘는 법을 배웠어. 늑대들은 정말 빨리 배워."

"그럼, 우리는 더 빨리 배워야 해."
오토가 말했어요.
"우리는 끊임없이 배우는 양 떼가 되어야 해."

"하지만 우리는 이미 배우고 있잖아?"
쉐프가 조금 화가 난 듯 말했어요.
"나는 며칠 전에 발에 박힌 가시를 이빨로 뽑는 법도 배웠다고."

(그러자 다른 양들, 특히 발에 가시가 박힌 양들은 두툼한 털 눈썹을 치켜 올리며 매우 관심을 보였어요.)

"그리고 난 구멍 파는 법을 배웠어. 이것 봐!"
땅을 열심히 긁어 파면서 기기가 말했어요.

"음, 나는 코로 돌을 밀어 더미를 쌓을 수 있어."
제롬이 한마디 거들었어요.

양들은 이런 새로운 사실들을 알게 되자 몹시 흥분해
웅성거렸어요. 우리 인간들에게는 너무나도 쉬운 일들이지만,
양들의 세계에서는 정말 혁신적이고 유용한 것들이었으니까요.

"이런 것들을 배우는 건 좋은 출발이야.
우리 모두 이런 아이디어를 함께 나누어야 해."
오토가 기운이 좀 나는 듯 말했어요.

"하지만 늑대의 위협 아래서 살아남기 위해서는 아직도 부족해.
우리가 진정으로 배우는 양들이 되기 위해서는
다른 종류의 학습이 필요해."

그러자 양들은 모두 말없이 땅을 내려다보았어요.
그들은 오토의 말을 이해하기 위해 무척 애쓰고 있었어요.

잠시 뒤, 컬리가 말했어요.
"우리가 둥그렇게 모여 함께 잠을 자면 어떨까?"

오토가 계속 말해 보라고 몸짓을 했어요.

컬리가 말했어요.
"그러니까 내 생각에는, 우리가 여기저기로 흩어지지 말고
떼 지어 같이 자면 더 안전할 것 같아.
그러면 늑대들도 우리를 공격하기가 더 어려울 거야."

"하지만 그런 식으로는 늑대 문제를 해결할 수 없을 텐데……."
작은 새끼 양 마리에따가 말했어요.
그러나 아무도 마리에따의 말에 귀 기울이지 않았어요.
모든 양들은 컬리의 아이디어에 무척 흥분해 있었어요.

"그래, 맞아! 오늘 밤, 늑대에 대항해서 우리 모두 함께 모여 자자.
배운다는 건 정말 좋은 것 같아!"
모두들 이렇게 말했어요.

오토는 학습에 대한 양들의 태도가 너무 즉흥적인 것 같아
당혹스러웠어요. 그래도 양들이 최소한 한 가지 목표를 위해
뭉치고 있다는 사실을 위안으로 삼았어요.
첫걸음 치고는 괜찮았어요.

'내가 할 수 있는 최소한의 일은 오늘 밤에 자지 않고
다른 양들을 지키는 거야.'
오토는 이렇게 생각했어요.

(이 때문에 오토는 죽음을 맞이하게 되지요. 하지만 오토는 더 좋은 곳으로 가니까,
걱정하지 마세요. 그곳에서 오토는 옛 친구들과 만날 테니까요.)

그날 밤, 오토는 어두운 밤하늘과 무리 지어 모여 있는 양들을 번갈아 바라보았어요. 한여름의 밤하늘 위로 초승달은 높이 떠 있었고, 양들은 금세 곤히 잠들었어요.

다음 날 아침, 오토는 사라져 버렸어요.

3

양들, 머리를 모으다

다음 날 아침,
잠에서 깬 양들은 오토가 사라진 것을 알고 큰 충격을 받았어요.

"오토는 정말 좋은 양이었어."
쉐프가 한숨을 쉬며 말했어요.

"그래. 오토는 우리가 더 나은 미래를 꿈꿀 수 있게 해 줬어."
컬리가 말했어요.

"오토의 털은 눈처럼 하얬지."
뒤쪽에서 누군가가 말했어요.

제롬은 아무 말 없이 코로 돌을 밀어 더미를 쌓고 있었어요.
그것이 이 상황에서 자신이 할 수 있는 최선이라는 듯…….

그런데 갑자기 분위기가 험악해졌어요.

"늑대들 때문이야! 이 모든 게 다 늑대들 때문이라고!"
컬리가 소리쳤어요.

"이제 어떻게 해야 하지? 늑대들은 똑똑하고 강해. 우리는 늑대를 막을 수 없어. 늑대만 없다면 우리는 훨씬 행복해질 텐데."
쉐프가 울먹이며 말했어요.

"저 쓸모없는 울타리가 조금만 더 높으면,
늑대들이 뛰어넘을 수 없을 텐데."

낙심한 양들은 비참한 기분으로 그렇게 앉아 있었어요.

마침내 새끼 양 마리에따가 다시 입을 열었어요.
"어째서 늑대들은 매일 오지 않고 가끔씩만 오는 거지?"

양들은 혼란스러웠어요.

마리에따가 계속해서 말했어요.
"만약 늑대들이 정말 똑똑하고 언제든지 울타리를 뛰어넘을 수 있다면, 왜 매일 밤 오지 않는 거지? 만약 내가 늑대라면 매일 밤 와서 양들을 마음껏 잡아먹을 텐데 말이야."

양들은 더욱 혼란스러웠어요.

마리에따가 말했어요.
"어쩌면 늑대가 오는 걸 막을 수 없다는 우리 생각이 틀렸을 수도 있어. 뭔가가 늑대들이 매일 오지 못하게 막고 있는 거야."

"그래서 무슨 좋은 생각이라도 있니, 마리에따?"
쉐프가 물었어요.

"오토가 했던 말과 같아. 우리는 배워야 해. 그것도 모두 함께.
그리고 늑대보다 더 빨리 배워야 해."

"이미 그렇게 했잖아. 그런데 오토가 어떻게 됐는지 봐."
쉐프가 말했어요.

"그건 우리가 시작한 지 얼마 안 돼서 그런 거야.
일어난 일들을 생각해 봐. 우리는 지금까지와는 다른 것을 시도했어.
그런데 결과는 같았어. 이게 무슨 뜻이라고 생각해?"

모두 마리에따의 질문에 중요한 의미가 있다고 생각했지만,
아무도 대답할 수는 없었어요.

마리에따가 설명했어요.
"내 생각에, 단지 일을 하는 방법을 바꾸는 것만으로는
부족한 것 같아. 좀 더 큰 비전을 갖고, 더 넓게 볼 수 있어야 해.
우리는 어떻게 다르게 배울 수 있는가를 배워야 해."

"어떻게?"
모두가 궁금해했어요.

"우선 세 가지 일을 시작해야 해.

먼저, '언젠가 양들이 더 이상 늑대에게 잡아먹히지 않게 될 날'에
대한 오토의 꿈을 기억해 봐. 이제부터 우리가 배우는 모든 걸
그 비전을 실현하는 데 이용하는 거야.

둘째로, 모두들 늑대가 너무 똑똑해서 막을 수 없다고 하지만,
우리 스스로 그렇다고 성급하게 단정 지어 버린 건 아닐까?
사실은 그렇지 않다면 어떨까?

셋째로, 어떻게 일을 다르게 할 수 있는지 다 함께 생각해 보자.
늑대를 막기 위해서 우리가 해야 할 일이 뭘까?
우리가 늑대라면 어떻게 할까? 밖으로 나가서 뭐든 정보를 모아 보고,
할 수 있는 한 늑대에 관해 많은 걸 알아보는 거야.
그런 다음 각자 모은 정보를 함께 나눠 보자.

각자 생각해 보고, 오늘 오후 여기서 다시 만나 얘기해 보는 게 어때?"

마리에따의 제안대로 양들은 일단 흩어져서
골똘히 생각에 잠기기 시작했어요.

몇몇 양들은 마리에따의 생각에 반대했어요.

"학습, 그거 좋은 거지.
하지만 늑대를 막을 수 있을 만큼 울타리가 높지 않다면,
우리가 할 수 있는 건 아무것도 없어.
우리는 울타리를 높이 세울 만한 도구가 없는걸."

"이건 우리 조상에 대한 모욕이야.
조상들은 늑대가 오는 건 어쩔 수 없는 삶의 진실이라고 가르쳤어.
그 조그만 녀석이 우리의 소중한 유산을 조롱거리로 만들고 있군."

그러나 어떤 양들은 마리에따의 말을 가슴속 깊이 새겼어요.

"마리에따의 말이 맞아.
늑대들은 항상 어떤 특정한 시기에만 오는 것 같아.
왜 그럴까?"

"작년 여름에 가뭄이 들었을 때,
늑대들은 보통 때보다 훨씬 자주 왔지, 음……."

"아마 늑대들은 울타리를 넘어서 오는 게 아닐지도 몰라.
울타리는 꽤 높으니까…….
그렇게 높은 울타리를 뛰어넘을 수 있는 동물은 아마 없을 거야."

그날 오후, 양들은 다시 모여 회의를 열었습니다.

그들은 대단히 흥분해 있었어요.

(회의 출석자가 굉장히 많았어요.

제롬은 출석한 양의 수를 세기 시작했습니다.

한 마리, 두 마리, 세 마리……

그런데 웬일인지 갑자기 졸음이 밀려와 세는 것을 포기했어요.)

쉐프가 회의를 시작했어요.
"여러분, 우리는 오늘 소중한 친구 오토를 추모하기 위해
이 자리에 모였습니다. 우리는 늑대 때문에 희생되는 양이
더 이상 없기를 바랐던 오토의 꿈을 기억합니다.
뭔가 함께 나눌 의견이 있는 분 계십니까?"

양들은 서로서로 의견을 말하기 시작했어요.

그들은 특히 늑대가 정말 울타리를 넘을 수 있는가를
집중적으로 이야기했어요.

그리고 늑대가 특별히 자주 오는 시기에 대해서도 토론했어요.
늑대들은 비가 많이 오고 난 뒤에는 잘 오지 않고,
덥고 건조할 때는 자주 오는 것 같았어요.

그들은 또 자신들이 늑대에 대해 오랫동안 가졌던 신념을
다시 생각해 보는 것이 얼마나 힘들었는지를
솔직히 털어놓았어요.

단지 이런 문제에 대해 이야기하는 것만으로도
양들은 힘을 얻고 희망을 가질 수 있었어요.

그때 갑자기 컬리가 숨을 헐떡이며 매우 흥분해서 뛰어왔어요.

"이쪽으로 와 봐, 빨리!"
컬리가 외쳤어요.

양들은 무슨 영문인지도 모른 채, 컬리를 따라 뛰어갔어요.

4

연못가의 환호

양들은 컬리를 따라 한참을 달려갔어요.

이윽고 그들은 작은 개울이 흐르는 울타리 경계에 도착했어요.
그 개울은 양들이 항상 물을 마시는 곳이었어요.
물론 늑대가 무서워서 이렇게 울타리 가까이까지 온 적은 없었지만 말이에요.

"이걸 봐!"

컬리가 개울 바로 위의 철조망을 가리키며 말했어요.

개울물 바로 위 철조망 가시 사이에 작은 양털 뭉치가 끼여 있었어요.

컬리가 말했어요.

"마리에따의 질문에 대해 생각하면서 여기저기를 둘러보다가 이걸 발견했는데, 무슨 뜻인지 잘 모르겠어."

양들은 어리둥절해서 서로 쳐다보았어요.

마침내 누군가가 소리쳤어요.
"알았다! 늑대들은 울타리를 넘어왔던 게 아니야.
울타리 아래로 기어 왔던 거야."

또 다른 양이 흥분해서 덧붙였습니다.
"그래, 맞아! 가물 땐 개울물이 마르니까, 바로 그때 늑대들이
울타리 아래로 기어 들어왔던 거야."

또 다른 양이 외쳤어요.
"비가 온 뒤에는 개울물이 깊어져 밑으로 올 수 없었던 거고."

양들은 더욱더 흥분했어요.

"그러니까, 이건…… 늑대들은 수영을 못한다는 뜻이구나!"
이런 사실을 깨닫고 양들은 모두 실컷 비웃어 댔어요.

결국 늑대들이 대단히 영리했던 것은 아니었어요.

"근데, 한 가지 문제가 있어."
누군가가 말했어요.
"우리가 비 오는 시기를 조절할 수는 없잖아.
우리 목숨은 여전히 늑대의 손에 달려 있어. 이제 우리가 할 수 있는 건 날씨가 우리에게 유리하기를 기도하는 것뿐이야."

갑자기 모든 양들이 조용해졌어요.

그때 기기가 말했어요.
"지금 우리는 다시 문제를 잘못 생각하고 있는 것 같아.
우리가 날씨를 조절할 수 없는 건 사실이야.
하지만 물의 흐름을 조절할 수는 있어. 이걸 봐."
기기는 울타리 아래의 땅을 열심히 파서 웅덩이를 만들기
시작했어요. 곧 몇몇 양들이 기기를 돕기 시작했어요.

누군가가 외쳤어요.
"그렇게 서 있지만 말고 모두 좀 와서 도와줘!"

"음…… 나는 코로 돌을 밀어서 둑을 쌓을게."
제롬은 이렇게 말하고 주위의 돌을 열심히 모아 둑을 쌓기
시작했어요.

쉐프는 곁에 서서 웅덩이를 파고 있는 양들의 발에 박힌 가시를
뽑아 주었어요.

곧 울타리 주위에 작은 연못이 생겼어요.

양들은 자신들이 이뤄 놓은 것을 보자 매우 신이 나서 소리 지르며 기뻐했어요.

(그들이 모두 함께 내는 울음소리는 대단히 시끄러웠지만,
여러분이 만약 양이라면 그것이 무척 기쁠 때 내는 함성이라는 걸
알 수 있었을 거예요.)

며칠 뒤, 양들은 자신들이 만들어 놓은 아주 멋진 연못 주위에 모여 함께 물을 마시며 놀았어요.

무엇보다 좋은 것은,
이제 늑대들이 더 이상 오지 않는다는 사실이었어요…….

양들이 사라지는 일도 없어졌어요…….

……두려움도 사라졌어요.

"우리가 배우는 양이 돼서 정말 기뻐."
양들은 밤에 편안히 드러누워 이렇게 말하곤 했어요.

"이제 앞으로 더 이상 늑대에게 잡아먹히는 끔찍한 일을
당하지 않아도 된다고 생각하니까 너무 좋아."

그러나 그렇지 않을 수도 있어요.

끝

# 〈늑대와 양에 관한 진실〉 철학적으로 읽기

철학 박사 박영욱

★ '늑대와 양에 관한 진실'은 무엇을 말하려는 걸까요?

　어느 유명한 화가가 아주 엉뚱한 그림을 전시한 적이 있어요. 아무것도 그리지 않은 텅 빈 도화지들을 벽에다가 쭉 붙여 놓은 거예요. 그리고 벽 한 편에는 물감과 종이가 놓인 탁자가 있었어요. 종이에는 '이 물감으로 도화지에 마음대로 그림을 그리세요.' 라는 말이 적혀 있었어요. 관객들은 처음에는 어리둥절해 했지만 곧 화가의 지시대로 신나게 그림을 그렸어요. 물론 도화지에 그려진 그림은 제멋대로였지요.
　화가는 이 전시의 의미를 이렇게 말했어요.
　"다들 그림은 화가만이 그릴 수 있다고 생각하지요. 하지만 누군가가 그 그림을 자기 마음대로 보고 느끼지 않는다면 그림은 아무런 의미가 없는 법이죠. 그래서 저는 아예 관객들이 마음대로 그릴 수 있는 그림을 그렸답니다."
　바로 그렇습니다. 이 화가의 말처럼 책도 여러분들이 읽어 주지 않으면 아무런 의미가 없답니다. 그런데 책을 읽는다는 것은 빈 도화지에 마음껏 그림을 그리는 것처럼 자유롭고 신나게 자기만의 상상력을 펼치는 것이지요. 여러분들은 '늑대와 양에 관한 진실'을 읽으면서 어떤 상상의 날개를 펼쳐 보았나요? 이제부터 우리 함께 상상의 날개를 펼쳐 보도록 해요.

★ 과연 '늑대와 양에 관한 진실'의 핵심 주제는 무엇일까요?

1) 오토의 영웅적인 죽음

　여러분들은 위인전을 한번쯤은 읽어 보았을 거예요. 위인전의 주인공들은 모두 보통 사람들과는 다르지요. 남들보다 뛰어난 머리를 지녔다든지, 혹은 한 치의 흔들림도 없이 대쪽같이 곧은 삶을 산 사람들이에요. 그래서 그들의 죽음은 한결같이 가슴 뭉클한 감동과 아픔을 남깁니다.

　이 책에도 오토라는 주인공 양이 등장해요. 오토는 다른 양들과 무척 달라요. 다른 양들이 아무런 대책 없이 늑대에게 당하고만 있을 때, 오토는 무기력으로부터 벗어나야 한다고 주장해요. 오토의 열정적인 주장은 다른 양들의 마음을 움직였어요. 그래서 양들은 모여서 잠을 자지만, 다른 양들을 위해서 혼자서 보초를 서던 오토는 늑대에게 희생되고 말아요.

　오토의 희생을 안타까워하던 양들은 이윽고 오토의 바람대로 머리를 맞대고 생각을 해요. 늑대의 침입에 대응할 방안을 마련하기 시작한 거지요. 오토의 영웅적인 희생이 없었더라면 이 모든 일들이 불가능했겠지요. 그렇다면 이 책은 바로 오토의 영웅적인 죽음과 희생정신을 말하고자 하는 것으로 볼 수 있겠네요.

　그런데 분명 오토의 죽음은 영웅적이지만, 영웅적인 죽음이 반드시 바람직한 것일까요? 더군다나 오토의 죽음만 영웅적인 죽음이고 그 이전에 늑대에게 잡혀간 많은 양들의 죽음은 의미 없는 죽음일까요? 결국 이 책은 오토의 영웅적인 죽음에 대해 이야기하려는 위인전은 아닌 것 같군요.

2) 백지장도 맞들면 낫다?

우리 속담에 '백지장도 맞들면 낫다.'라는 말이 있어요. 아무리 가벼운 종이라도 함께 들면 훨씬 더 쉬워진다는 뜻이지요. 하나보다는 둘이, 둘보다는 셋이 뭉쳤을 때 그 힘이 훨씬 더 커진다는 것쯤은 누구나 알 거예요. 예를 들면 종이만 하더라도 한 장을 손으로 찢는 것은 쉬워요. 하지만 여러 장을 겹쳐 놓으면 잘 찢어지지 않아요. 만약 종이 열 장을 한 장씩 찢는다면 어렵지 않지만, 한꺼번에 겹쳐 놓으면 잘 찢어지지가 않지요.

또 다른 예를 들어볼까요. 서울 어느 한 외진 동네에 옷 가게가 들어섰어요. 옷 가게가 있을 만한 곳이 아니었기 때문인지 손님들이 좀처럼 없었어요. 몇 달 뒤에 그 옆에 또 다른 옷 가게가 생겼어요. 어떤 사람들은 경쟁 상대가 생겼으니 원래 있던 옷 가게가 타격을 입을 거라고 생각했어요. 하지만 사정은 달랐어요. 옷 가게가 둘이나 생기니 오히려 사람들이 관심을 갖기 시작했어요. 얼마 지나지 않아 그 옆에는 수십 개의 옷 가게가 생겼어요. 마침내 그 동네는 패션의 명소가 되었어요. 맨 처음 생긴 그 옷 가게의 장사가 예전보다 더 잘되는 것은 말할 나위도 없죠.

이 책에서 오토가 늑대의 희생 양이 되기 전에 동료들에게 항상 강조하던 말이 있어요.

"우리 모두 아이디어를 함께 나누어야 해."

정말 주인공 오토다운 말이에요. 겁에 질린 채 스스로 포기하지 않고 힘을 합쳐서 무엇인가를 하는 것이야말로 현명한 일이에요.

이 책에서도 협동심과 단합이 얼마나 중요한지 깨닫게 해 준답니다. 책의 거의 마지막 부분에서 늑대의 침입을 막기 위해 양들이 개울을 파서 수위를 높이는 장면을 보세요. 양들은 정말이지 온 힘을 합쳐서 개울을 파고 돌을 쌓아서 수위를 높여요. 이때 양들은 제각기 자신이 배웠던 온갖 기술을 다 발휘해요. 제롬은 코로 돌을 밀어내는 방법으로 둑을 쌓아요. 또 쉐프는 자신의 기술을 활용하여, 개울을 파고 둑을 쌓는 양들의 발에 박힌 가시를 입으로 뽑아 주어요. 이렇게 양들이 단합하여 늑대를 막는 데 성공합니다.

혼자보다는 여러 사람이 뭉칠 경우 생각지도 못했던 엄청난 힘이 발휘되기 마련이에요. 이 이야기는 바로 단합의 힘이 얼마나 큰지를 여실히 보여 주어요. 하지만 이 책에서 협동심만을 말하려 했다기에는 어딘지 부족한 감이 있지요? 가령 오토가 새로운 것을 배워야 한다고 강조하였을 때 모든 양들은 거의 합심하여 오토를 배척하였어요. 나름대로 단합이 잘되어 있었던 셈이지요. 게다가 오토가 죽던 바로 그날 밤, 양들은 서로 단합해서 함께 잠을 잤어요. 하지만 결과는 오토의 죽음뿐이었어요. 단합만으로는 극복할 수 없는 무엇인가가 있음을 암시하는 것이지요. 과연 그것이 무엇일까요?

3) 원리적인 사고를 이끌어 내는 배움의 중요성

단합만으로는 안 되는 바로 그것이 무엇일까요? 눈치 빠른 사람이라면 이미 간파했겠지만 답은 오토가 항상 강조하는 말 속에 있어요.

"우리는 더 빨리 배워야 해."

"우리는 끊임없이 배우는 양 떼가 되어야 해."

오토가 친구들에게 항상 강조한 말이에요. 어떤 것을 배우고 깨치는 것이야말로 문제 해결에 가장 중요한 힘이 된다는 것입니다.

그런데 배우고 깨치는 것만으로 다 힘이 되지는 않아요. 예를 들어 볼까요. 오토가 언젠가 늑대에게 양들이 끌려가지 않을 날이 올지도 모른다고 말하자, 쉐프가 콧방귀를 끼면서 한 대답을 떠올려 보세요.

"넌 늑대를 막을 수 없어. 우리 조상들이 한 말을 생각해 봐. '매일 태양이 뜨듯, 늑대는 어김없이 온다.'라고 했잖아?"

쉐프의 이 퉁명스러운 말조차도 조상들로부터 배운 것이에요. 말하자면 '배움'은 오토만의 전유물은 아닌 셈이죠. 쉐프 또한 조상들로부터 많은 것을 배웠어요. 그런데 문제는 둘 다 배움을 통해서 알려고 하지만, 그 둘의 배움에는 분명한 차이가 있다는 것이지요.

쉐프는 그저 조상들이 가르쳐 준 대로 따를 뿐이에요. 조상들의 말이 맞는지 틀린지는 의심조차 하지 않아요. 조상들의 말이므로 당연히 맞을 거라고 받아들일 뿐이에요. 대부분의 양들이 쉐프와 마찬가지예요. 하지만 오토가 말하는 배움이란 달라요. 그것은 새롭게 깨닫는 것이며, 원리적으로 사고하는 거예요. 과연 어떤 말이나 생각이 이치에 합당한지 아닌지를 따져서 이치에 맞는 생각을 해야 한다는 것이 오토의 주장이에요.

어떤 양들은 늑대의 공격에도 양의 숫자는 늘어왔기 때문에 꿋꿋하게 견뎌온 것이 칭찬받을 만하다고 말해요. 여러분이 보기에도 이 말은 그다지 이치에 맞지 않지요? 이런 생각은 불합리한 현실에 당당히 맞설 수 없기 때문에 그저 체념적으로 받아들이는 자기 위안일 뿐이에요. 그래서 오토가 말해요.

"우리의 약점을 정면으로 바라보기가 두려운 나머지, 수가 많다고 안도하는 것일 뿐이야."

오토의 말처럼 이러한 생각은 결코 원리적인 사고가 아니에요. 이치에 맞는 원리적인 사고란 늑대가 양을 잡아먹는 것이 어쩔 수 없다는 식의 체념적 사고가 아닌, 늑대에게 잡아먹히지 않을 방법을 찾는 것이에요. 한마디로 말해서 지금까지의 구태의연한 사고를 벗어나서 새로운 사고를 하는 것이지요. 바로 이렇게 원리적인 사고를 가능하게 하는 배움의 중요성이 가장 핵심적인 주제예요.

★ 원리적인 사고란 어떻게 생각하는 것일까요?

예전에 자신을 심령술사로 자처하는 사람이 있었어요. 심령술사는 다른 사람의 마음을 훤히 들여다볼 뿐만 아니라 때로는 신과도 생각을 주고받을 수 있는 비범한 능력이 있는 사람이에요. 그 심령술사는 죽어서 천국에 갈 수 있는 입장권을 사람들에게 비싼 값에 팔았어요. 그러던 어느 날, 아무래도 미심쩍은 생각이 든 어떤 사람이 심령술사에게 돈을 돌려 달라고 요구했어요. 하지만 심령술사가 돈을 돌려줄 리는 없었어요.

마침내 심령술사와 돈을 돌려 달라던 사람은 법정까지 가게 되었어요. 심령술사는 법정에서도 당당했어요. 자신은 신과의 거래를 통해서 분명히 그 사람이 천국에 갈 것을 확인하였다고 주장했어요. 이에 대해서는 법관도 난감했어요. 심령술사의 말이 거짓임을 증명할 길이 없었기 때문이에요. 결국은 심령술사에게 무죄가 선고되는 웃지 못할 일이 벌어지고 말았어요.

이 일화의 결말은 참 씁쓸하지요? 재판관까지도 심령술사의 터무니없는 주장에 힘없이 당하고 말았으니까요. 정말이지 심령술사의 주장은 근거가 없지만, 문제는 그런 말에 많은 사람들이 현혹된다는 사실이에요. 어쩌면 저를 비롯해 여러분들이 당연하다고 생각하고 있는 것 중에서도 잘 따져 보면 근거가 없는 것들이 무수히 많을지도 몰라요.

'늑대와 양에 관한 진실'에서 대부분의 양들이 가졌던 생각 또한 마찬가지예요. 이들은 매일 아침 태양이 떠오르듯이, 늑대가 양을 잡아가는 것은 어쩔 수 없는 일이라고 믿어요. 조상 대대로 그렇게 믿어 왔기 때문이지요. 하지만 도대체 이렇게 생각해야 할 근거가 어디에 있는 것일까요?

오토의 출발점은 바로 이곳이에요. 오토는 조상 대대로 그렇게 생각했기 때문에 관습에 따라야 한다는 것을 의심했어요. 오히려 오토는 다른 양들의 생각을 거꾸로 생각해 보았어요. 분명 양들이 늑대의 아침식사 거리로 더 이상 죽지 않아도 되는 그런 날이 올 것이라는…….

그렇게 해서 오토는 늑대의 위협으로부터 벗어날 방법을 궁리하기 시작했어요. 예전부터 그러했으니 당연히 맞을 거라는 태도에서 벗어나 그 생각의 근거를 찾는 것, 이것이야말로 원리적인 사고의 첫 출발점이에요.

잠시 쉬어 가기

이 이야기의 뒷이야기는 다음과 같이 상상해 볼 수 있을 거예요.

늑대의 위협으로부터 벗어난 쉐프와 제롬은 어떻게 되었을까요? 둘은 각자 짝도 짓고 자식도 낳아 행복하게 살다가 천국으로 갔어요. 그곳에서 자신들의 삶을 바꾸어 놓았던 오토를 만나지요. 쉐프와 제롬, 그리고 오토는 천국에서 매일 재미있는 시간을 보낸답니다.

어느 날, 세 친구는 함께 탁구를 쳤어요. 그런데 시합 도중 결정적인 순간에 탁구공이 탁구대 모서리에 부딪쳐서 찌그러지고 말았어요. 유감스럽게도 천국에는 탁구공이 그것 하나밖에 없었어요. 시합을 계속할 수 있는 방법은 찌그러진 탁구공을 펴는 것 뿐이었어요. 셋은 간단한 방법으로 탁구공을 펴서 재미있게 시합을 계속했어요. 모두 원리적인 사고를 할 수 있었던 덕택이에요.

여러분들도 어떻게 해야 탁구공을 원래의 모습으로 되돌릴 수 있는지 알지요? 네, 맞았어요. 탁구공을 뜨거운 물에 잠시 집어넣으면 되지요. 탁구공을 뜨거운 물에 넣으면 탁구공 속의 공기가 점차 팽창해요. 그래서 탁구공의 찌그러진 표면이 공기의 팽창력을 견디지 못하고 팽팽하게 펴지는 거예요.

바로 이런 것을 스스로 생각해서 아는 것이 원리적 사고예요. 결국 '과학적으로 사고한다' 는 것은 '원리적으로 사고한다' 는 것과 같은 말이에요.

★ 사고의 전환은 엄청난 결과를 가져오는 법

 오토의 영웅적인 죽음을 겪은 양들은 이윽고 생각을 바꾸기 시작해요. 늑대의 공격을 막을 수 있는 방법이 있을지도 모른다는 생각을 처음으로 한 것이죠. 분명 어떤 방법이 있으리라 확신하기 시작했어요. 그래서 이제 체념하지 않고 원리적으로 사고하기 시작해요.
 원리적인 사고는 어린 양 마리에따로부터 시작되어요.
 "어째서 늑대들은 매일 오지 않고 가끔씩만 오는 거지?"
 바로 이러한 물음으로부터 지금까지 생각하지 못했던 사실들이 차근차근 밝혀지기 시작했어요. 마치 양파의 껍질이 벗겨지듯이 새로운 알맹이가 속속 드러나지요.
 양들은 늑대들이 매일같이 오지 않는다는 사실에서 출발하여, 항상 특정한 시기에만 온다는 사실을 발견해요. 또한 그 시기가 언제인지도 밝혀내지요. 늑대들은 비가 많이 온 뒤에는 잘 오지 않고, 덥고 건조할 때만 자주 온다는 사실이었어요. 게다가 개울 바로 위의 철조망에서 발견한 작은 양털 뭉치는 늑대가 분명 개울물을 통해서 쳐들어온다는 단서가 되어요.
 여기서 양들은 또 한 번 놀라운 추리력을 발휘해요. 이러한 모든 정황으로 늑대들이 수영을 못한다는 사실을 알아냈지요. 양들이 과거에 학습한 사실과 추리력으로 얻어낸 엄청난 결과였어요. 하지만 여기서 원리적인 사고가 멈추었다면 너무나 아쉽게도 양들의 희생을 막을 방책을 마련하지는 못했겠죠?

양들은 다시 원리적 사고의 놀라운 힘을 보여 주어요. 늑대들이 수영을 못하기 때문에 수위를 높여서 침입을 막자는 것이지요. 참으로 훌륭한 발상이지만, 수위를 높일 방법이 마땅하지 않네요. 비가 내려야 수위가 높아질 텐데 양들이 비를 오게 할 능력은 없으니까요. 이때 한 양이 날씨가 자신들에게 유리하도록 하늘에 기도를 하자고 외쳐요. 이는 분명 원리적인 사고를 포기하는 듯한 모습이지요?

이때 기기의 제안은 놀라운 것이에요. 꼭 비가 와야만 수위를 높일 수 있는 것은 아니라는 거예요. 비를 통해서만 수위가 조절된다는 관습적인 생각을 버려야 가능한 발상이었지요. 새로운 발상 덕분에 웅덩이를 파고 돌로 둑을 만들면 수위를 얼마든지 조절할 수 있음을 알았어요.

이윽고 사고의 전환은 엄청난 결과를 가져온답니다. 예전에는 늑대의 침입으로부터 자유로울 수 있다는 생각을 전혀 못했어요. 하지만 이제 양들은 늑대의 머리 꼭대기 위에 앉아 있어요. 한마디로 간교하고 영악한 늑대들보다 훨씬 더 똑똑해진 셈이에요. 그것은 그저 관습적으로 따랐던 것을 원리적으로 되짚어 보고 사고의 발상을 전환시킴으로써 가능해졌어요. 사고의 전환으로 과거에는 생각하지 못했던 엄청난 결과가 나타난 거예요.

★ 끝나지 않은 두뇌 전쟁

그런데 이 이야기의 결말이 반드시 해피엔딩으로만 느껴지지는 않네요. 분명 늑대들은 예전처럼 개울을 통해서 쳐들어올 수는 없어요. 양들은 이제 늑대의 위협으로부터 벗어났다는 확신에 차서 환호성을 질러 댑니다. 하지만 이 이야기의 맨 끝 장면을 보세요. 늑대들이 양들에게 당하고만 있지는 않는군요.

제2차 세계대전 당시 전쟁을 일으켰던 독일은 '에니그마' 라는 암호 기계를 만들었어요. 이 기계를 이용하면 전시 중 모든 군사 용어나 명령을 암호로 전달할 수 있었어요. 그리하여 독일군은 연합군에게 작전이 노출될 위험이 없이 마음껏 작전 지휘를 할 수 있었어요. 한편 연합군의 작전은 거의 모두 노출되어서 전쟁 초기에는 독일군을 당해 낼 수가 없었어요.

결국은 영국을 위시한 연합국에서도 대책이 필요했어요. 그들은 암호나 수학 분야의 천재들을 모아서 에니그마의 수수께끼를 풀게 했어요. 그 천재 집단에는 컴퓨터의 창시자인 알란 튜링도 있었지요. 마침내 수수께끼라는 뜻을 지닌 에니그마의 비밀이 풀렸어요. 다행히 얼마 뒤 전쟁은 독일군의 패배로 끝이 났어요. 아마 에니그마의 비밀이 풀린 것이 연합군의 승리에 한 역할을 했을 거예요. 하지만 조금만 더 전쟁이 길어졌다면 독일군은 제2의 에니그마를 만들었을지도 몰라요. 생각만 해도 끔찍하지요?

이처럼 이 책의 끝 부분도 어딘지 모르게 여운이 남아요. 늑대들이 '양 떼 사냥'을 결코 포기할 것 같지 않군요. 늑대들 역시 양을 공격하기 위해 지혜를 짜내고 있는 듯해요. 이제 또다시 양들은 위험에 빠질 수도 있어요.

양들은 어떻게 하면 안전할 수 있을까요? 답은 오직 하나랍니다. 그것은 바로 끊임없이 배우고 원리적인 사고를 해서 늑대들의 시도를 미리 막는 것이에요.

이 책을 쓴 데이비드 허친스는 학습과 변화의 중요성을 강조한 시리즈를 썼어요. 이 시리즈는 재미있는 삽화와 은유적인 이야기를 통해 내용을 쉽고 명쾌하게 설명해 주어 전 세계 여러 언어로 번역되기도 했어요. 쓴 책으로는 《레밍 딜레마》, 《늑대 뛰어넘기》, 《네안데르탈인의 그림자》, 《펭귄의 계약》, 《화산의 소리를 들어라》 등이 있어요.

이 책을 그린 바비 곰버트는 정치를 풍자한 만화로 여러 차례 상을 받은 전문 일러스트레이터예요. 귀엽고 유머 넘치는 삽화로 이 책의 내용을 더욱 재미있게 빛내 주었어요.

이 책에 해설을 쓴 박영욱 선생님은 고려대학교 대학원에서 철학 박사 학위를 받고, 고려대학교에서 철학을 가르치고 있어요. 이 책에 해설을 담아 동화의 철학적인 의미를 쉽게 풀어 주고 있어요. 쓴 책으로는 《철학으로 매트릭스 읽기》, 《체 게바라》 등이 있어요.

이 책을 옮긴 김철인 선생님은 서울에서 태어나 고려대 영문과 및 동대학원을 졸업하고, 지금은 전문 번역가로 활동 중이에요. 옮긴 책으로는 《레밍 딜레마》, 《늑대 뛰어넘기》가 있어요.

늑대와 양에 관한 진실

초판 1쇄 발행 2007년 11월 2일
초판 3쇄 발행 2009년 11월 9일
지은이 데이비드 허친스
그린이 바비 곰버트
해설 박영욱
옮긴이 김철인

책임편집 한해숙
펴낸곳 바다출판사
펴낸이 김인호
주소 서울시 마포구 서교동 401-1 5층
전화 322-3885(편집부), 322-3575(마케팅부)
팩스 322-3858
홈페이지 www.badabooks.co.kr
E-mail badabooks@gmail.com
출판등록일 1996년 5월 8일
등록번호 제10-1288호
ISBN 978-89-5561-399-5 73100
ISBN 978-89-5561-397-1 73100(세트)

*이 책은 《늑대 뛰어넘기(Outlearning the Wolves)》를 어린이용으로 새롭게 편집한 것입니다.